Strandfunde
für Kids

Strandfunde für Kids

Sammeln & Bestimmen von Pflanzen und
Tieren an der Nord- und Ostseeküste

von
Frank Rudolph

illustriert von
Lutz Mathesdorf

Wachholtz

Alle Rechte, auch die des auszugsweisen Nachdrucks,
insbesondere für Vervielfältigungen, der Einspeicherung
und Verarbeitung in elektronischen Systemen sowie
der photomechanischen Wiedergabe und Übersetzung
vorbehalten.

ISBN 978-3-529-05426-6

2. Auflage 2010
© Wachholtz Verlag Neumünster

Inhaltsverzeichnis

Ein Wort vorweg...	6
Wir stellen uns vor	8
Die Nordsee	10
Das Watt	12
Die Ostsee	14
Ebbe und Flut	16
Spülsaum	18
Forscher-Ausrüstung	20
Achtung, Gefahr!	22
Die eigene Sammlung	24
Keschern	26
Achtet die Natur!	29
Warum schäumt das Meer?	30
Algen	32
Schwämme	38
Quallen	40
Würmer	46
Muscheln	52
Schnecken	70
Tintenfische	76
Krebse	78
Stachelhäuter	89
Moostierchen	92
Fische	94
Säugetiere	98
Kriechtiere	101
Spuren	102
Index	108
Literaturtipps	110

Ein Wort vorweg...

**Herzlich willkommen an der Küste.
Bei uns gibt es unendlich viel zu
entdecken.**

An jedem Strand finden wir Dinge, die das Meer angespült hat: Muscheln und Schnecken, Krebspanzer und Seesterne. Wollt ihr mehr über die Tiere und Pflanzen der Nord- und Ostsee erfahren?

Millionen von Tieren leben in den Weiten des Wattenmeeres an der Nordseeküste und am schmalen Strand der Ostsee. Da gibt es **Pissermuscheln, springende Schnecken, Schlangensterne und Katzenhaie**. Wisst ihr, was ein **Engelsflügel, ein Pelikanfuß oder ein Nixentäschchen** ist? Uns werden die glibberigen Quallen begegnen, wir werden ein Wattwurmsuchgerät testen, beobachten, wie schnell sich Muscheln eingraben können und lernen, dass die Krabben auf dem Brötchen gar keine Krabben sind.

Abenteuer im Wattenmeer und Schatzsuche im Spülsaum – in diesem Buch lösen wir so manches Rätsel. Ein Bestimmungsbuch für die Forscher von morgen. Mit einfachen Erklärungen und spannenden Experimenten.

**Seid ihr hier oben im Norden zu Hause?
Oder macht ihr Urlaub an der See?
Vielleicht sogar zum allerersten Mal?**

Wir stellen uns vor

Dieses rote Zeichen steht für Paulis Heimat, die Ostsee. Tiere und Pflanzen mit diesem Symbol kannst du am Strand der Ostsee finden.

Der blaue Seehund ist ein Symbol für die Nordsee. Alle Lebewesen mit diesem Zeichen kommen an der Nordseeküste oder im Wattenmeer vor.

Hallo, ich bin **Pauli** und lebe an der Ostseeküste. Hier gibt es hohe Steilküsten und steinreiche Strände. Das Wasser der Ostsee ist nicht so salzig, deswegen leben hier bei uns nicht so viele verschiedene Tiere. Ebbe und Flut sind bei uns kaum spürbar. Aber langweilig ist es am Strand nie. Komm mit, ich stelle dich meinen Freunden vor.

Moin, Moin. Ich bin **Knut** und komme von der Nordsee. Ich liebe die kilometerlangen Sandstrände und das Wattenmeer, in dem man so herrlich faulenzen kann. Am Strand kann man viele verschiedene Muscheln sammeln. Aber es gibt bei uns noch viel mehr zu entdecken. Was, das zeige ich dir in diesem Buch.

 Wir sind die kleinen Herzmuscheln und wir zeigen dir, ob deine Funde häufig oder selten sind. Wenn alle drei Herzmuscheln abgebildet sind, dann kommt dein Fund an jedem Strand vor. Bei zwei Muscheln musst du schon etwas mehr suchen, und wenn nur eine Muschel zu sehen ist, dann hast du etwas Seltenes entdeckt.

Tach zusammen. Ich bin **Karla, die kecke Strandkrabbe**. Ich laufe auf Zehenspitzen über den Sand und bin ständig unterwegs, um Neues zu entdecken. Neben mir seht ihr die quirlige **Quirina Qualle**, die jeden hier am Strand kennt und ganz außen, das ist **Graf Asterias**. Er tut immer sehr vornehm, ist aber in Wirklichkeit ein echter Kumpel, mit dem man auch mal durch den Schlick rutschen kann. Wir begleiten euch durch das Buch und erzählen euch kleine Geschichten rund um eure Strandfunde.

Die Nordsee

Die Nordsee hat eine Menge zu bieten!

Bist du auch so gerne an der Nordsee? Da gibt es tolle Leuchttürme, die Deiche mit den Schafen, **Dünen, in denen man herumtoben kann**, die unendlichen Weiten des Wattenmeeres, Ebbe und Flut. **Man kann Kite-Surfen, Strandsegeln oder Drachen steigen lassen.** Im Hafen gibt es frischen Fisch direkt vom Kutter zu kaufen. Ein leckeres Krabbenbrötchen ist Pflicht. Man besucht die Halligen oder macht Urlaub auf den Inseln. Wie wäre es mit einer Fahrt zu den Seehundsbänken oder sogar nach Helgoland?

Am schönsten sind immer die Wattwanderungen.

Da gibt es so viel zu entdecken. Ganz viele verschiedene Muschelschalen, leere Schneckenhäuser und Krebspanzer. Kleine Strandkrabben, die die Ebbe verpasst haben, laufen über den Schlick zum nächsten Wasserloch. Die zahlreichen Wattwurm-Häufchen erzählen von einem Leben unter der Oberfläche. Da unten muss ganz schön was los sein. Im feuchten Schlick suchen Vögel nach Nahrung. Man weiß gar nicht, wo man zuerst hinsehen soll.
Beim Baden merkt ihr, wie salzig das Wasser schmeckt. Viele Tiere brauchen Meerwasser zum Leben und **ihr könnt in der Nordsee prima schwimmen, denn das Salzwasser trägt euch**.
Die Nordsee gibt es schon seit vielen Millionen Jahren. **Sie ist kein tiefes Meer, im Schnitt sind es nur 40 Meter.** Zwischen Helgoland und England ist eine besonders flache Stelle, die Doggerbank. Hier war am Ende der letzten Eiszeit eine Insel. Viele Tiere wie Mammut oder Rentier sind hierhin geflüchtet. Irgendwann ging die Insel unter. Das Schmelzwasser des Gletschers hat sie überflutet. Noch heute finden sich in den Schleppnetzen der Fischer Knochen eiszeitlicher Tiere oder Backenzähne vom Mammut.

Das Watt

Auf zur Wattwanderung. Es ist schon ein komisches Gefühl, barfuß auf dem glitschigen Boden zu laufen.

An einigen Stellen sinkt man bis zum Knie ein

Abends ist man ganz schön kaputt. Aber es hat Spaß gemacht, durch den Matsch zu waten. Das Wattenmeer ist ein ganz besonderer Lebensraum. **Jeden Tag werden die riesigen Sandflächen zweimal überflutet und zweimal fallen sie wieder trocken.** Für ein Meereslebewesen ist es gar nicht so einfach, hier zu überleben. Es könnte ja vertrocknen. Also muss es sich anpassen. Gar nicht so leicht. Und dennoch gibt es hier Millionen von Tieren, die es geschafft haben. Die meisten leben im feuchten Boden oder sie verstecken sich bei Ebbe und kommen erst

Bei Flut erwacht hier das Leben.

Wusstest du, dass der Wattboden nur 10 – 20 Meter dick ist?

wieder hervor, wenn das Meer zurückgekehrt ist. Bei Flut erwacht hier das Leben, um ebenso schnell wieder in den Schlaf zu sinken, wenn die Ebbe einsetzt. Dann kommen die Vögel, die im Wattboden nach kleinen Leckereien suchen. Ihre Schnabellänge ist genau auf ihre Beutetiere abgestimmt. Der Austernfischer mit seinem spitzen Schnabel frisst die dicht unter der Oberfläche liegenden Herzmuscheln, die Pfuhlschnepfe kommt an die noch tiefer lebenden Sandklaffmuscheln heran und der Brachvogel erreicht mit seinem sehr langen Schnabel sogar die Wattwürmer tief im Schlick. Jeder hat sich auf sein Lieblingsessen spezialisiert und so werden sie alle satt.

Ist euch aufgefallen, dass es im Watt verschiedene Böden gibt? Im Sandwatt sinkt man kaum ein, im Mischwatt ein wenig und im Schlickwatt ganz tief. Die meisten Tiere leben im Mischwatt, so der Wattwurm und die Herzmuschel. Schlickwatt ist schmierig, es gibt keine Wattwurm-Häufchen mehr und der Schlick stinkt nach faulen Eiern. **Aufgepasst: man kann hier bis zur Hüfte versinken.**

Die Ostsee

Zwischen den kleinen Steinchen kann man Versteinerungen finden, Seeigel oder Donnerkeile.

An der Ostsee gibt es hohe Steilküsten und davor einen schmalen steinreichen Strand. Die Steine sind von den Gletschern der Eiszeit hierher geschoben worden. Als am Ende der letzen Eiszeit vor etwa 12.000 Jahren die Gletscher abgetaut sind, blieben sie einfach hier liegen. Die riesigen Findlinge genauso wir die kleinen Kiesel. Und der Strand besteht aus Gesteinen, die den Transport aus dem Norden nicht überstanden haben – sie wurden zu Sand zerrieben und du kannst deshalb heute hier Sandburgen bauen.

Der Spülsaum wird zur Schatzkiste. Muscheln, Schnecken und Krebspanzer liegen im Seetang. Eines fällt

auf: hier gibt es längst nicht so viele verschiedene Muschelarten wie an der Nordsee. Miesmuscheln, Herzmuscheln, hier und da eine Sandklaffmuschel – und das war es (fast) auch schon. Krebspanzer finden sich reichlich. Und jede Menge Algen wie Sägetang und Blasentang. Warum gibt es hier so wenig Abwechslung?

Die Ostsee enthält viel weniger Salz als die Nordsee.

Die meisten Meereslebewesen brauchen aber gerade salzhaltiges Wasser. Wer nicht damit zurecht kommt, muss halt draußen bleiben. Einige schaffen es noch bis zu den dänischen Inseln oder bis Fehmarn. Aber **je weiter man nach Osten oder Norden kommt, desto süßer wird die Ostsee**. Hier kommen dann sogar Süßwasserlebewesen vor.

Die Ostsee ist ein recht junges Meer. Sie ist erst nach dem Ende der letzten Eiszeit entstanden. Die Gletscher haben ihr Bett in den Untergrund gehobelt. Das Schmelzwasser hat dieses Becken gefüllt. Damals war die Ostsee ein riesiger Süßwassersee. Dann ist das Wasser übergeschwappt und in die Nordsee gelaufen – und umgekehrt. Und so kommt das Salz langsam in die Ostsee hinein.

Ebbe und Flut

Weg, einfach weg! Da freut man sich auf den Nordseeurlaub, fährt stundenlang im Auto, kommt dann über den Deich – und das Meer ist einfach nicht da. Wie konnte das denn passieren? Hat da die Kurdirektion vielleicht nicht aufgepasst? Na, warten wir halt ein paar Stunden. Irgendwann wird das Wasser schon wieder zurückfinden. Stimmt. Wenn das Wasser wieder aufläuft, haben wir Flut. Am Ende der Flut ist Hochwasser. Dann läuft das Wasser wieder ab, es ist Ebbe bis wir Niedrigwasser erreicht haben. Das Wechselspiel zwischen Ebbe und Flut nennt man Gezeiten. Kaum zu glauben, aber das Ganze hat mit dem Mond zu tun. Die Wassermenge im Ozean ist riesig groß.

Der Mond hebt das Wasser etwas an, er zieht es zu sich hin.

Dabei entsteht ein „Flutberg". Die Erde dreht sich unterdessen weiter. Sie taucht unter dem Flutberg hindurch. Und weil die Erde sich dreht wie ein Kettenkarussell, entsteht auf der ande-

Das Meer ist einfach nicht da. Wie konnte das passieren?

Das Wasser ist bei Flut in der Nordsee durchschnittlich etwa 2,5 Meter höher als bei Ebbe, dies ist der Tidenhub.

ren Seite der Erde durch die Fliehkraft ebenfalls ein Flutberg, aber ein etwas kleinerer. Wenn die Erde sich etwas weitergedreht hat, lässt der Mond das Wasser wieder los, weil er indessen auf der anderen Seite schon wieder ein neues Meer entdeckt, das er zu sich hinziehen kann. Das Wasser schwappt also ständig hin und her. Man hat den Eindruck, es würde steigen und fallen.

Ebbe und Flut dauern zusammen genau 12 Stunden und 24 Minuten. Am nächsten Tag (der ja 24 Stunden hat) verschieben sich die Gezeiten somit um genau 48 Minuten.

Alle 28 Tage ist Vollmond. Dann steht der Mond genau zwischen Sonne und Erde. Sonne und Mond ziehen gemeinsam am Wasser und die Flut ist besonders hoch. Man nennt das Springflut.

Spülsaum

Komm, wir gehen auf Schatzsuche!

Und wo kann man das besser, als am Spülsaum. Was das ist? Die Wellen laufen über den Strand. Dort, wo sie wieder umkehren, lassen sie all das liegen, was sie aus dem Meer mitgebracht haben. Das ist der Spülsaum. Hier liegen rote, braune und grüne **Algen, Muschelschalen, Schneckenhäuser, Krebspanzer, Vogelfedern und Treibholz.** An der Nordsee kommt zweimal am Tag die Flut und bringt neue Schätze mit. Wenn der Wind aus einer anderen Richtung wehte oder die Flut bei Vollmond besonders hoch war, gibt es sicher wieder Neues aufzuspüren. An einem Tag liegt der Strand voller Quallen, dann sind es Seesterne oder Sepia-Schalen. Aber Vorsicht: Manchmal werden auch Schafsköddel angelandet, die ihr aus verständlichen Gründen besser nicht sammeln solltet.

Das Sammeln im Spülsaum wird nie langweilig!

Wer weiß, vielleicht wird eines Tages sogar ein altes Piratenschiff angespült.

An der Ostsee sind Ebbe und Flut kaum zu spüren. Dennoch gibt es mitunter mächtige Spülsäume, die zumeist aus Seetang bestehen. Und bei genauem Hinsehen lässt sich auch hier so manches tolle Fundstück ergattern. Vielleicht ist sogar einmal ein Stückchen Bernstein dabei. Jede Küste hat ihre Besonderheiten, jeder Tag bringt neue Überraschungen.

Nach einer Sturmflut sind immer die tollsten Sachen zu entdecken.

Forscher-Ausrüstung

An der Nordseeküste braucht man je nach Wetter Gummistiefel oder man geht barfuß. An der Ostsee sind gerade bei den steinreichen Stränden Schuhe mit dicken Sohlen angebracht.

Ratsam ist eine Windjacke, auch im Sommer. Manchmal frischt es auf und vom Meer weht ein kalter Wind oder man kann die Arme etwas vor der zu starken Sonne schützen.

Im Sommer müsst ihr eine Kopfbedeckung, Sonnenbrille und Sonnencreme (hoher Lichtschutzfaktor) mitnehmen.

Denkt daran, ausreichend Getränke und etwas Marschverpflegung in den Rucksack zu stecken. Vielleicht noch einen Kescher und eine Schaufel?

Seid ihr gut gerüstet?

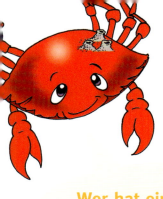

**Wer hat eine Becherlupe?
Damit kann man toll Tiere
beobachten.**

Ganz wichtig sind natürlich ein Eimer oder eine Leinentasche für die gesammelten Schätze und ein paar kleine Döschen für die empfindlichen Funde. Praktisch sind Gürteltaschen, in die man die Funde stecken kann. Man hat dann immer die Hände frei.
Jetzt geht's aber endlich los...

Achtung, Gefahr!

Geht nie alleine ins Watt! Man sollte immer einen Erwachsenen mitnehmen, denn man kann sich leicht verlaufen. Zur Sicherheit dienen ein Handy und eine Trillerpfeife. Achtet auf die einsetzende Flut und auf aufkommenden Nebel!

Ein Priel, der sich plötzlich mit Wasser füllt, kann euch den Heimweg abschneiden.

Erkundigt euch vor dem Start nach den Zeiten für Niedrig- und Hochwasser. Einen Tidenkalender bekommt man in der Kurverwaltung, an den meisten Stränden stehen Hinweistafeln.

An Nord- und Ostsee sind Molen und Buhnen aus Betonklötzen, Findlingen oder Holzpfählen in das Meer gebaut worden, um die Kraft der Wellen etwas zu bremsen. Ihr dürft diese Molen nicht betreten. Sie sind mit Algen bewachsen und sehr glitschig. Bei einem Sturz könnt ihr euch schlimm verletzen.

Könnt ihr mit einem Kompass umgehen?

Feuerquallen brennen fürchterlich, wenn man sie beim Baden berührt.

Habt ihr Pflaster für alle Fälle dabei? Zerbrochene Muschelschalen sind spitz und scharf und man kann sich daran schneiden, wenn man versehentlich darauf tritt. Auch angespülte und eingetrocknete Quallen können noch nesseln – bitte nicht anfassen. Manchmal treiben sogar abgerissene, bis zu 1 Meter lange Nesselfäden der Feuerqualle im Wasser. Wenn ihr Bekanntschaft mit einer Nesselqualle gemacht habt, könnt ihr die Stelle mit trockenem Sand abreiben. **Niemals mit Süßwasser (Selter) spülen**, denn dann explodieren noch mehr Nesselkapseln und setzen ihr brennendes Gift frei. Man kann Essig oder Rasierschaum zur Linderung aufsprühen. Bei großen Verletzungen, oder wenn ihr euch schlapp fühlt, müsst ihr sofort zum Arzt!

Die eigene Sammlung

Zu Hause müsst ihr eure Funde erst einmal sichten. Kaputte Schalen werden aussortiert, der Rest wird gesäubert. Dazu muss man den losen Sand abbürsten, einige Stücke müssen vielleicht auch gewaschen werden. Wenn alles trocken ist, könnt ihr an das Sortieren gehen. Dazu könnt ihr versuchen, die verschiedenen Arten zu trennen. Also, Herzmuscheln auf einen Haufen, Miesmuscheln auf den anderen. Ihr werdet feststellen, dass ihr von einigen Arten ganz viele mitgenommen habt, von anderen vielleicht nur ein oder zwei Stück. Diese sind also seltener und bekommen später einen Ehrenplatz in der Sammlung. Von den großen Haufen solltet ihr nur ein paar besonders schöne Exemplare auswählen, die restlichen können zum Spielen in der Sandkiste, zum Basteln oder zum Tauschen mit Freunden genommen werden.

Die nächste Frage ist, wo bewahrt ihr eure Funde nun auf? Legt ihr sie auf die Fensterbank im Kinderzimmer, in eine Schatztruhe oder habt ihr im Regal noch ein Fach frei? Am besten wäre es, die empfindlichen Stücke

Von jedem Strandspaziergang werdet ihr jede Menge Fundstücke mit nach Hause bringen. Muscheln und Schnecken, Krebspanzer, abgeschliffene Glasscherben oder auch schöne Steine.

in kleine Schachteln zu tun. Hierzu eignen sich **Streichholzschachteln, Pralinenkästchen** oder der **abgeschnittene Boden von Milchtüten oder Nudelkartons.** Zu jedem Fund gehört ein kleiner Zettel. Auf diesem müsst ihr vor allem den Fundort notieren, also „Strand von Eckernförde" oder „Watt bei Westerhever".
Vielleicht ist euer Fund ja an der Nordsee sehr häufig, an der Ostsee aber ganz selten. Nur ihr wisst, woher das Stück stammt. Und glaubt nicht, dass ihr den Fundort jeder Muschel nach zwei Jahren noch wisst. Dann dürft ihr noch das Funddatum notieren und den Namen oder eine Beschreibung des Stückes. Die fertigen Schächtelchen könnt ihr in flache Kartons stellen, Deckel drauf und eure Schätze sind vor Staub geschützt.

Keschern

Stellt euch einmal an einem schönen, sonnigen Tag ins flache Wasser der Nord- oder Ostsee. Merkt ihr, wie euch irgendetwas dauernd über die Füße läuft? Was mag das sein? Nun, da gibt es nur einen Weg, wie man es herausbekommen kann. Wir brauchen einen Kescher! Am Strandkiosk kann man welche kaufen, doch die Auswahl ist groß. Rund oder eckig? Weiß oder grün? Feine oder grobe Maschen? Ehrlich gesagt, ist das für unsere Zwecke ziemlich egal und reine Geschmackssache. **Mit einem eckigen Kescher kann man den Grund etwas besser abfischen, ein runder ist etwas leichter zu handhaben.** Wichtig sind vor allem ein stabiler Drahtbügel und ein fester Stiel. Ihr könnt nun mit eurem Kescher bewaffnet auf Großwildjagd gehen.

Mal sehen, was euch so in die Falle geht.

Erstmal geht es auf die Suche nach den Füßekitzlern. Ihr zieht den Kescher langsam durch die obersten Zentimeter des Sandes, schwenkt ihn ein wenig hin und her und schon solltet ihr Beute gemacht haben. Tatsächlich: kleine Krebse – Nordsee-Garnelen!

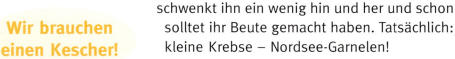

Wir brauchen einen Kescher!

Wenn ihr die Tiere beobachten wollt, könnt ihr sie in euren Sandeimer bringen. Füllt etwas Sand und frisches Wasser ein und beobachtet, wie die Tiere sich einscharren können. Könnt ihr sie noch sehen? Ihr Panzer kann dieselbe Farbe wie die Umgebung annehmen und sie werden unsichtbar. Bedenkt bitte: das Wasser in eurem Eimer wird schnell

Keschern

warm, der Sauerstoff wird immer weniger. Bringt die Tiere nach ein paar Minuten wieder zurück ins Meer, sonst sterben sie. Wenn ihr Übung habt, erwischt ihr vielleicht einmal einen kleinen Fisch, eine Strandkrabbe oder sogar einen Seestern.

Die Strandkrabbe könnt ihr mit zwei Fingern rechts und links am Panzer anfassen.

So kann sie euch nicht zwicken. Und bitte, lasst die Tiere nach kurzer Beobachtung wieder frei.

Achtet die Natur!

Leider findet man nicht nur die Schalen von Muscheln oder Panzer von Krebsen am Strand. Immer wieder werden hier alte Plastikflaschen, Schuhe, Seile, Fischernetze, Dosen und vieles mehr angespült. Viele dieser Gegenstände können zur tödlichen Falle für die kleinen und großen Meeresbewohner werden. Ihr könnt dazu beitragen, dass diese Umweltverschmutzung ein klein wenig gemildert wird.

Lasst bei euren Spaziergängen am Strand kein Eis- oder Kaugummipapier zurück, keine Flaschen oder Plastiktüten.

Vielleicht könnt ihr sogar etwas von dem Müll aus dem Wattenmeer oder von den Küsten der Ostsee einsammeln und zu Hause in der Mülltonne entsorgen. **Betretet keine Vogelschutzgebiete, achtet auf die Brutzeiten und respektiert die Ruhezonen der Vögel.** Es gibt an vielen Stränden Hinweistafeln, die über das richtige Verhalten in Naturschutzgebieten aufklären.

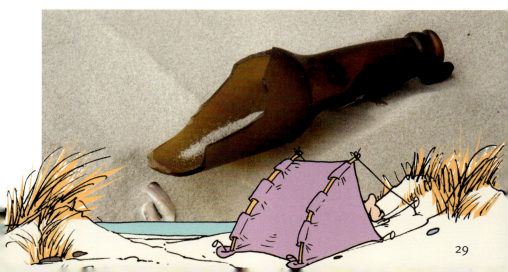

Warum schäumt das Meer?

Schaumberge liegen am Strand, als wenn jemand tonnenweise Waschmittel ins Meer gekippt hat.

Ein besonders schwerer Fall von Umweltverschmutzung?

Im Hochsommer schwimmen viele mikroskopisch kleine Algen im Meer. Die Algen sammeln sich massenhaft im Oberflächenwasser, man spricht von einer Algenblüte.
Sie enthalten Eiweiß, das freigesetzt wird, wenn sie sterben. **Dann kommen die Wellen und wie mit einem Mixer schlagen sie das Eiweiß schaumig.** Am Strand sammeln sich klebrige und stinkende Flocken.

Auch aus der Landwirtschaft gelangen viele Nährstoffe mit dem Regenwasser über Bäche und Flüsse ins Meer. Zu ihnen gehören Stickstoff und Phosphat, die im Dünger enthalten sind. Sie lassen die Algen im Meer besser wachsen und das Meer schäumt noch mehr.

Algen

Blasentang

Ich gehöre zu den Algen, oder noch besser gesagt, zu den **Braunalgen**. Ich bin an der Nord- und Ostsee sehr häufig. Mein Name kommt von den gasgefüllten Kapseln, die dort sitzen, wo der Thallus (so nennt man die „Blätter" der Algen) sich verzweigt. Man kann sie mit einem kleinen Knall zerdrücken. **Ich bin oft an Steinen festgewachsen.** Der Sägetang und ich besitzen im Sommer an den Spitzen verdickte Knospen (kleines Bild), in denen unsere Fortpflanzungszellen sitzen. Sie können benachbarte Pflanzen befruchten.

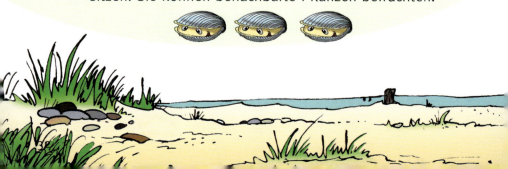

Sägetang

Ich bin dem Blasentang sehr ähnlich, besitze aber **kleine Zacken** an meinen Rändern. Mein Thallus sieht deshalb wie eine kleine Säge aus. Der Blasentang und ich sind auf Steinen festgewachsen. **Wir halten uns so fest, dass die Wellen uns bei einem Sturm mitsamt unserem Stein an den Strand spülen.**

Algen

Zuckertang

Genau wie der Blasentang und der Sägetang bin auch ich eine **Braunalge**. Ich bin die größte Art, die in der Nordsee wächst. **Meine „Blätter" können mehrere Meter lang und 30 cm breit werden.** Manchmal werden Fetzen davon angespült, oder auch meine dicken Wurzeln. In manchen Gegenden werde ich gegessen oder zumindest zu Viehfutter verarbeitet. Ich enthalte etwas Zucker und schmecke daher süß.

Rotalgen

Ich bin eine Rotalge. **Es gibt sehr viele Arten von uns.** Einige meiner Freunde sind blattförmig, andere sehr fein verzweigt oder sogar büschelig. Es gibt sogar eine Rotalge, die so fest als Kruste auf Steinen wächst, dass man sie selbst mit einer Bürste nicht abschrubben kann.

Algen

Meersalat

Ich heiße Meersalat und man kann mich tatsächlich essen. In Schottland, Frankreich und in Skandinavien stehe ich sogar auf der Speisekarte in den Restaurants. Ich bin sehr dünn und verklumpe sofort, wenn ich im flachen Wasser angespült werde.

Ich bin eine Grünalge.

Seegras

Ich bin die einzige Blütenpflanze, die unter Wasser leben kann. Bei Stürmen werden große Mengen von abgerissenen Seegras-Blättern an den Strand gespült. Es können richtig dicke Teppiche entstehen. Die Blätter werden ganz schnell braun und vergammeln. Das stinkt gewaltig. Früher haben die Leute getrocknetes Seegras in die Matratzen gestopft oder die Dächer von ihren Häusern damit gedeckt.

Schwämme

Brotkrumenschwamm

Schwämme kennt ihr vor allem aus der Badewanne oder nutzt sie beim Autowaschen. Ich bin nur wenige Zentimeter groß. Mich könnt ihr besonders nach Stürmen im Spülsaum finden. Wenn ich austrockne, werde ich sehr hell. Dann sehe ich tatsächlich wie Brotkrumen aus. **Mein Körper ist sehr elastisch, ihr könnt mich wie einen normalen Schwamm zusammendrücken.**

Bohrschwamm

Es gibt auch ganz andere Schwämme. Ich zum Beispiel wohne in Muschelschalen wie der Auster im Bild oder in kleinen Steinen. **Ihr könnt mich nicht sehen,** wohl aber die kleinen, kugeligen Löcher, die ich in die Schalen hineingebohrt habe.

Quallen

Ohrenqualle

Hallo, ich bin eine Ohrenqualle und heiße Aurelia. Ist das nicht ein schöner Name? Ich schwebe durch das Wasser. In meiner Mitte könnt ihr vier große Ringe („Ohren") erkennen. Wenn sie weiß bis zart rosa gefärbt sind, bin ich ein Männchen, sind sie dunkelrot oder violett, dann bin ich ein Weibchen. **Auf meiner Unterseite seht ihr vier „Arme", mit denen ich Nahrung aufnehmen kann und in denen sich meine Kinder entwickeln können.** Die winzig kleinen Quallen-Larven sind orange gefärbt (kleines Bild). An meinem Schirmrand (Bild rechts oben) trage ich 8 Sinneszellen, die man als kleine leuchtende Punkte erkennen kann. Mit ihnen kann ich oben und unten, hell und dunkel unterscheiden.

Quallen bestehen zu 98% aus Wasser.

Quallen

Quallen sind etwas ganz Besonderes. In ihrer Jugend sind sie nur einen Zentimeter groß. Es sind kleine Polypen, die am Untergrund festgewachsen sind.

Im zeitigen Frühjahr verändert der Polyp sein Aussehen und erinnert an einen Tellerstapel. Jetzt lösen sich hier ganz viele kleine Quallen ab, etwa 30 Stück. Jede ist kleiner als ein Maiskorn. **Die kleinen Quallen wachsen heran und werden so groß wie ein Suppenteller.** Im Sommer vermehren sich die Quallen. Das Weibchen trägt die reifen Eier in den „Mundarmen". Aus ihnen schlüpft eine ganz kleine Larve, die zunächst frei umher schwimmt und sich dann im Herbst an einem Stein oder einem Holzpfahl festsetzt. Aus ihr entwickelt sich wieder ein kleiner Polyp und im nächsten Frühjahr beginnt der Kreislauf von neuem.

Rechts seht ihr die festgewachsenen Polypen.

Quallen

Feuerqualle

Unter meinem gelb-roten Schirm trage ich sehr viele Nesselfäden, die länger als ein Besenstiel sein können. **Wenn du diese Fäden berührst, wirst du einen brennenden Schmerz verspüren,** stärker als bei einer Brennessel. Du darfst die brennenden Stellen nicht mit Wasser abwaschen, sondern reibst sie besser mit trockenem Sand ab. Am besten machst du einen weiten Bogen um mich.

 Vorsicht, ich bin gefährlich!

Blaue Nesselqualle

Wie meine Schwester, die gelbe Feuerqualle, besitze auch ich brennende Nesselfäden. Manche Leute sagen, mein Gift ist nicht ganz so stark, trotzdem solltest du mich besser nicht anfassen, auch nicht, wenn ich am Strand liege.

Quallen

Blumenkohlqualle

 Ich bin eine der eindrucksvollsten Quallen der Nordsee. Trotz meines massigen Körpers bin ich nicht gefährlich. Meine Nesselfäden brennen nicht.

Ich kann schnell schwimmen.

Seestachelbeere

Ich bin zwar nicht grün, aber nach Form und Größe sehe ich aus wie eine Stachelbeere. Nach Stürmen könnt ihr mich manchmal massenhaft am Strand finden. **Ich bin eine Rippenqualle.** Wenn ihr Glück habt und ihr mich im flachen Wasser trefft, dann könnt ihr ein tolles Lichtspiel beobachten. Meine Rippen glitzern in allen Regenbogenfarben. Man nennt das „irisiren".

Meine Rippen glitzern in allen Regenbogenfarben.

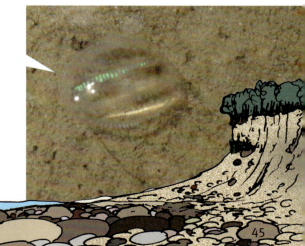

Würmer

Wattwurm

Ich grabe gern. Auf meiner Suche nach Nahrung fresse ich Sand und filtere das Eßbare heraus. Den unverdaubaren Rest bringe ich wieder an die Oberfläche. Auf dem Watt kannst du diese Kothäufchen und daneben meinen Fresstrichter sehen. Darunter befindet sich meine 25 cm tiefe, u-förmige Wohnröhre. **Ich werde zwei Jahre alt. In dieser Zeit kann ich eine ganze Schubkarre voll Sand fressen.**

Moin, wer kennt mich nicht? Ich bin der Wattwurm.

Wattwurm-Suchgerät

Ihr seid auf der Suche nach Wattwürmern? Vielleicht wollt ihr beobachten, wie schnell sie sich wieder eingraben können und wie sie das machen? Oder ihr braucht ein paar Angelköder? Dann ist dieses hochentwickelte Wattwurm-Suchgerät sicher das Richtige für Euch.

Ihr braucht einen handelsüblichen Pümpel und einen Besenstiel

(der mitgelieferte Stiel ist einfach zu kurz). Zusammenstecken und fertig! Ein paar Mal kräftig „pümpeln" und mit etwas Glück liegt der Wattwurm nun in der Mitte eines großen Trichters. Ihr müsst nur noch kurz tauchen und schon könnt ihr den Wurm einmal aus der Nähe betrachten.

Am besten sucht ihr dort, wo euch das Wasser bis zum Bauch reicht.

Würmer

Foto: Uwe Byszio

Seeringelwurm

Ihr habt bestimmt noch niemals einen so schönen und bunten Wurm gesehen, oder? **Ich bin ein Seeringelwurm und lebe im Sand vergraben. Ich traue mich nur selten an die Oberfläche.** Meist komme ich auch nicht ganz aus meiner Wohnröhre heraus, denn dann kann ich mich bei Gefahr ganz schnell wieder zurückziehen.

Bäumchenröhrenwurm

Wir haben sie selber gebaut. Dazu verkleben wir kleine Sandkörnchen und winzige Stückchen von Muschelschalen. Unsere Röhre ist so dünn wie Papier. Wenn sie austrocknet, geht sie ganz schnell kaputt. Du musst also vorsichtig sein, wenn du aus dem Sand ausgespülte Röhren aufhebst.

Wir Würmer wohnen in einer Röhre, die im Sand steckt.

Würmer

Posthörnchenwurm

Ich sehe aus wie eine Schnecke, bin aber ein kleiner Wurm.
In meinem kleinen Kalkgehäuse fühle ich mich sicher. Meine Röhren hefte ich zumeist an braune Algen. Ich bin sehr klein. Du musst schon genau hinsehen, wenn du mich am Strand entdecken willst.

Bohrringelwurm

Auch wenn ich nur ein kleiner Wurm bin, nicht einmal so lang wie ein Streichholz, **so kann ich doch in einige Steine tiefe Löcher bohren.** Granit und Feuerstein sind auch mir zu hart, aber weicher Kalkstein geht und dicke Muschelschalen auch. Die Löcher sind in Wirklichkeit kleine, u-förmig gebogene Gänge. Sie sind meine Wohnung. Aus diesem sicheren Versteck kann ich meine Tentakel ausstrecken und kleine Nahrungsbröckchen aus dem Wasser fangen. **Ich habe ürbigens vier Augen.**

Ich bin ein Steinbeißer.

Muscheln

Muscheln haben immer zwei Klappen. Meistens sind diese Klappen spiegelbildlich symmetrisch.
Wenn ihr von Innen in die Muschelschale blickt, seht ihr einen oder zwei Schließmuskeleindrücke. Mit diesen kräftigen Muskeln kann die Muschel ihre Schalen schließen und zusammenhalten.
Das Scharnier zwischen beiden Klappen nennt man Schloss. Hier sieht man auch die Schlosszähne. Dort, wo auf der einen Klappe ein Vorsprung ist, befidnet sich auf der anderen Klappe eine Vertiefung. Die Zähne greifen ineinander und verhindern ein Verrutschen der Klappen.
Ein sogenanntes Schlossband oder Ligament hält die Klappen zusammen. Ihr könnt es besonders gut bei den Herzmuscheln erkennen. Es ist dünn und geht schnell kaputt. Dann fallen die beiden Klappen auseinander.

Versucht einmal, eine geschlossene Muschel zu öffnen, dann seht ihr, welche Kraft dahinter steckt.

vorn
Wirbel
Ligament
hinten

Auf der Schalenaußenseite in Höhe des Schlosses befindet sich der Wirbel, die „Mitte" der Schale. Das Ligament liegt immer hinter dem Wirbel. Dadurch wisst ihr, wo bei der Muschel vorn und hinten ist. Auch **rechts und links** könnt ihr so unterscheiden. Und wenn ihr nur eine einzelne Klappe gefunden habt – das Schlossband ist bei einer rechten Klappe immer rechts vom Wirbel, wenn man auf die Innenseite der Schale sieht.

Auf der Innenseite der Schale seht ihr eine dünne Linie nahe am Außenrand. Sie heißt Mantellinie. Bis hierher reicht der Mantel der Muscheln, die dünne Haut, die die inneren Organe umschließt. Bei Muscheln, die im Sand **eingegraben** leben, ist diese Mantellinie eingebuchtet, man nennt sie deshalb treffend Mantelbucht. Hier liegen die Atemröhren (der Sipho) der Muscheln. **Die Muschel kann sie bis zur Sandoberfläche ausstrecken und so frisches Wasser mit Sauerstoff und Nahrungsteilchen einstrudeln.** Die Atemröhre ist zweigeteilt, damit das frische Wasser hinein und das verbrauchte Wasser auf der anderen Seite herausgepumpt werden kann.

Ihr seht von vergrabenen Muscheln immer nur zwei Löcher im Sand.

Muscheln

Sandklaffmuschel

Ich bin die Muschel mit der Schaufel. Warum? Meine linke Klappe trägt oben einen schaufelförmigen Vorsprung. Er gehört zu dem Scharnier, das meine beiden Klappen zusammenhält. Welches die linke Klappe ist? Die spitze Seite ist hinten. Nimm die Schale in die Hand, die spitze Seite zu dir, und schaue von oben auf den Wirbel. Dann kannst du rechts und links ganz leicht unterscheiden.

Meine Atemröhren sind sehr lang. Manchmal könnt ihr bei einer Wattwanderung neben euch kleine Springbrunnen entdecken. **wenn ihr mit euren kräftigen Schritten den Wattboden erschüttert, erschrecke ich mich.** Dann ziehe ich meine Atemröhren ganz schnell in die Schale zurück und spritze das Wasser darin in kleinen Fontänen nach oben. Die Einheimischen nennen mich deshalb auch – Entschuldigung – „Pisser" oder „Pissermuschel".

Ich lebe bis zu 40 cm tief im Sand vergraben.

Gestutzte Sandklaffmuschel

Nein, nein und nochmals nein. Ich bin nicht gegen eine Wand gelaufen und habe mir die Schalen verbeult. Das kommt auch nicht von den Touristen, die mir dauernd auf den Kopf treten. Meine Schalen gehören so – auf der hinteren Seite sind sie abgestumpft. Ich finde das schön. Und außerdem habe ich so viel mehr Platz, um meine Atemröhren auszustrecken.

Muscheln

Miesmuschel

Ich weiß auch nicht, warum ich Miesmuschel genannt werde.

Ich bin weder ein Miesepeter noch schmecke ich mies. Im Gegenteil, ich bin wirklich lecker.

Du findest mich sehr häufig an den Stränden der Nord- und Ostsee. Ich lebe zusammen mit vielen tausend Gefährten in großen Muschelbänken. Ich bin mit klebrigen Fäden am Untergrund festgeheftet. Manche sagen dazu Bart, in Wirklichkeit heißen sie Byssusfäden. **Ich bin hier übrigens die einzige Muschel in Nord- und Ostsee, die nicht im Sand buddelt, sondern obendrauf liegt.**

Muscheln, Muskeln, Mantelbucht

Sucht am Strand doch einmal ein paar verschiedene Muschelschalen.

Dann legt ihr sie mit der gewölbten Seite nach unten auf den Tisch. Nun dürft ihr einen Filzstift nehmen und alle Linien nachmalen, die ihr seht. In der Regel sind das die Mantellinie und die Flecken für die Schließmuskeln.
Alle Muscheln, die eingegraben leben, haben eine Mantelbucht. Wenn die Mantelbucht groß ist, hat sie Platz für lange Atemröhren. Die Muschel lebt dann tief vergraben. Ist die Mantelbucht klein, gräbt die Muschel nur flach im Sand.
Übrigens, die Mantelbucht ist immer hinten.

Welche Muschel auf dem Bild unten lebt am tiefsten im Sand?

Muscheln

Wir sind an der Nordsee und der Ostsee seeehr häufig.

Herzmuschel

Wenn du am Strand schon einmal Muscheln gesammelt hast, wird du ganz bestimmt auch Herzmuscheln mitgenommen haben. Wenn du unsere geschlossenen Schalen einmal von der Seite betrachtest, weißt du, woher unser Name kommt. **Man kann mit unseren Schalen ganz toll Sandburgen verzieren.**

Herzmuscheln leben im Sand, nur wenige Zentimeter unter der Oberfläche. Suche einmal lebende Exemplare im Watt. Du musst auf zwei kleine Löcher im Watt achten. Nimm die Muschel vorsichtig heraus und lege sie im flachen Wasser auf den Sand. Warte ein paar Minuten, bis sich die Muschel wieder sicher fühlt.

Du wirst erstaunt sein, wie schnell sie sich wieder eingraben kann!

Zuerst streckt sie Ihren Fuß hervor, dann ruckt sie ein paar Mal kräftig und schon ist sie im Sand verschwunden.

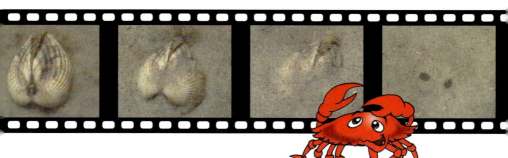

Muscheln

Weiße Bohrmuschel

Es gibt ein paar Muschelarten, die nicht im Sand graben, sondern in Ton, Torf, Holz oder sogar in weichen Steinen bohren können. Man nennt uns deshalb Bohrmuscheln. **An dem Vorderende unserer Schalen haben wir kleine Zähnchen.** Wir drehen uns immer im Kreis und raspeln so ein klein wenig Material unserer Umgebung ab. Im Laufe der Zeit bohren wir uns in den Untergrund. An unserem Vorderende sind die Schalen etwas nach oben gerollt. Daran kannst du uns erkennen.

Engelsflügel

Wir können auch bohren. Die kräftigen Raspelzähne an unserem Vorderende könnt ihr gut sehen. Unsere Schalen sind mit einem dünnen Schlossband (Ligament, s. S. 52) miteinander verbunden. Du wirst also häufig zusammenhängende Klappen auf dem Wattboden finden. Dann sehen wir aus wie Engelsflügel. **Wir sind vor über 100 Jahren aus Amerika hier eingewandert,** deswegen nennt man uns auch Amerikanische Bohrmuschel. **Mittlerweile fühlen wir uns hier aber pudelwohl.**

In dem Bild rechts seht Ihr den Blick von unten in ein Bohrloch.

Muscheln

Schiffsbohrwurm

Keine Ahnung, warum die Leute Schiffsbohr"wurm" zu uns sagen. **Wir sind doch Muscheln!** Aber ein bisschen sehen wir schon aus wie Würmer. Wir haben einen ganz langen, dünnen Körper. Unsere Schalen sind winzig klein. Wir benutzen sie nur noch zum Bohren, am liebsten im Holz. Wir mögen Treibholz, Pfähle und auch Schiffsrümpfe. Irgendwie verständlich, dass viele uns nicht mögen, denn das Holz geht ja kaputt, wenn wir es durchlöchert haben. **Und manchmal sind wir daran schuld, wenn ein Schiff untergeht. Klar zum Entern!**

Manchmal findest du frisches Treibholz mit Bohrspuren am Strand. Nimm es mit nach Hause und trockne es gut. Dann kannst du es auf einem Blatt Papier kräftig ausschütteln und mit etwas Glück fallen die winzigen Muschelschalen der Bohrmuscheln heraus.

Scheidenmuschel, Schwertmuschel

Ihr kennt vielleicht eine Messerscheide oder Schwertscheide, ein Behältnis, meist aus Leder, in das man scharfe Gegenstände stecken kann, damit man sich nicht schneidet. Weil ich so ähnlich aussehe, haben mir die Leute diesen Namen gegeben.

Ich komme ursprünglich aus Nordamerika, bin erst seit 1978 hier in der Nordsee zu finden und wandere nun auch langsam in die Ostsee ein.

Wenn ihr im Wattenmeer spazieren geht, könnt ihr ja mal einen Wettbewerb machen. Wer findet die längste Scheidenmuschel? 25 cm sind in meiner amerikanischen Heimat Rekord, hier bleibe ich meist kleiner. Wer 17 cm lange Schalen findet, ist schon klasse. Also, Lineal einpacken und los!

Muscheln

Rote Bohne

Eigentlich heiße ich Plattmuschel, aber weil ich so schön bunt bin, nennt man mich oft Rote Bohne. Ich kann aber auch orange, gelb, braun und violett geringelt sein. Innen sind meine Schalen meist rot oder gelb. Wenn ich länger am Strand liege, verblassen meine tollen Farben. Ich lebe flach im Sand vergraben und liege dabei immer auf meiner rechten Klappe. Jeder hat halt so seine Angewohnheiten.

In dem Bild links seht Ihr eine Plattmuschel mit ausgestrecktem Grabfuß.

Dreiecksmuschel

Ich bin eine Dreicksmuschel. Wenn du mit dem Fingernagel an meiner Unterseite entlangfährst, merkst du kleine Zähnchen wie bei einer Säge. Mein Spitzname ist deshalb auch Sägezahn. **Wenn ich meinen Fuß etwas aus den Schalen herausstrecke, kann ich sogar etwas hüpfen.** Verwandte von mir aus dem Mittelmeer werden in Italien sehr gerne gegessen.

Muscheln

Strahlenkörbchen

Bin ich nicht hübsch? Die Ringe sind nicht schlecht, oder? Aber wenn ich länger am Strand liege, verblassen meine schönen Streifen. Meine Schalen sind recht dünn und zerbrechen leicht.

Auf die Strahlen auf meinen Schalen bin ich besonders stolz.

Trogmuschel

Ich habe dicke Schalen und bin kräftig gewölbt. Ich habe hübsch geringelte Klappen. Meist sind meine Streifen braun, wenn ich länger im Schlick liege, werden sie auch blau bis schwarz. Wenn ihr mich umdreht, könnt ihr Wasser in mich hinein füllen, wie in einen Trog. Vielleicht wollt ihr ein paar Seepferdchen tränken?

Muscheln

Auster

Austern gelten ja als Delikatesse. Mit etwas Zitrone beträufelt schlürft man die frischen Muscheln – naja, wer's mag. Am Strand findest du von mir nur die leeren Schalen. **Ich lebe in Austernbänken, bin mit einer Schale am Untergrund festgewachsen. Ich kann also nicht spazierengehen.** Meine beiden Klappen sehen ganz verschieden aus. Die untere, mit der ich festgewachsen bin, ist wellig und kraus, die andere glatt.

Manchmal wird ein Sandkorn in meine Schalen gespült. Das piekst vielleicht! Ich lege dann weiche, glänzende Kalkschichten herum und **so entsteht eine Perle**.

Kammmuschel

Ich bin eine Kammmuschel, mancher nennt mich auch Shellmuschel. Ich habe kräftige Rippen und hinten zwei „Ohren", von denen eines etwas größer ist.

Ich kann schwimmen. Dazu schlage ich ganz schnell mit meinen Klappen. Und wenn ich meine Schalen etwas öffne, dann könnt ihr an meinem Mantel ein paar dunkle Punkte erkennen.

Das sind echte Augen, ich kann also sehen!

Du findest mich am leichtesten an der dänischen Nordseeküste.

Ich kann schwimmen!

Schnecken

Strandschnecke

Gestatten, Strandschnecke mein Name. Ich bin die häufigste Schnecke der Ostsee, komme aber auch in der Nordsee vor. Ich knabbere mit meiner Raspelzunge gerne Algen von Steinen ab. Ich bin zwar eine Wasserschnecke, es macht mir aber nichts aus, ein wenig außerhalb des nassen Elementes herumzukriechen. Und schnell bin ich.

Ich schaffe zweieinhalb Meter in der Stunde!

Netzreusenschnecke

Ein rückwärts gesprungener Überschlag? Das kann ich auch!
Wenn ich schnell flüchten muss, vielleicht weil ein Seestern mich angreift, dann kann ich meinen Fuß weit aus dem Gehäuse strecken und mich mit ein paar Überschlägen in Sicherheit bringen. Ich lebe zwar in der Nord- und Ostsee, bin aber überall eher selten zu finden.

Wisst ihr aus dem Turnunterricht, was ein Flickflack ist?

Schnecken

Wellhornschnecke

Ich habe einen langen Rüssel, mit dem ich meine Beute auffressen kann. Am liebsten mag ich Herzmuscheln. **So ein Müschelchen habe ich in einer Viertelstunde vertilgt.** Lecker, sage ich euch.

Du findest mich im Wattenmeer nicht allzu häufig. An einigen Stellen wirst du aber mehr Glück haben, so bei einem Urlaub an der dänischen Nordseeküste. Leider ist mein Gehäuse oftmals zerbrochen.

Ich bin die schönste und größte und stärkste Schnecke der Nord- und Ostsee.

Laichballen der Wellhornschnecke

Manchmal findet ihr am Strand merkwürdige Gebilde, die an Styropor oder Luftpolsterfolie erinnern. Es sind Laichballen der Wellhornschnecke. So ein Ballen besteht aus vielen kleinen flachen Kapseln. Jede Kapsel kann 1000 Eier enthalten. Der ganze Laichballen trägt so bis zu 200.000 Eier. Wenn die Kapseln ein kleines Loch haben, seht ihr, dass dort kleine Schnecken ausgeschlüpft sind.

Die Fischer nehmen die Eipakete auch zum Händewaschen und nennen sie „Seeseifenkugeln". Und Hausfrauen haben mit ihnen schon Töpfe geschrubbt.

Früher hat man die Laichballen auch zerrieben und als Juckpulver benutzt. Aber den Tipp habt ihr nicht von mir…

Schnecken

Ich bin die kleinste Schneck hier im Watt.

Wattschnecke

Ich krieche auf der Wattoberfläche herum und fresse winzig kleine Kieselalgen. Du kannst zehn oder noch mehr von uns auf einem 1-Cent-Stück unterbringen. **Auf einer Fläche von 1 Meter x 1 Meter Watt können bis zu 100.000 Kollegen von uns leben.** Das ist eine riesengroße Zahl! Die Wellen spülen manchmal unsere leeren Gehäuse zusammen, die sich dann in kleinen Vertiefungen als dicke Schicht ansammeln.

Pelikanfuß

Man nennt mich Pelikanfuß, weil mein Gehäuse in lange Spitzen ausgezogen ist. Dabei gibt es hier im Watt doch gar keine Pelikane, nur Möwen, deren Füße auch ein bißchen so aussehen wie ich. Aber „Möwenfuß" klingt einfach nicht so schön exotisch. **Ich lebe im Sand versteckt und filtere Wasser.** Ich bin recht selten zu finden, am ehesten im Norden von Dänemark.

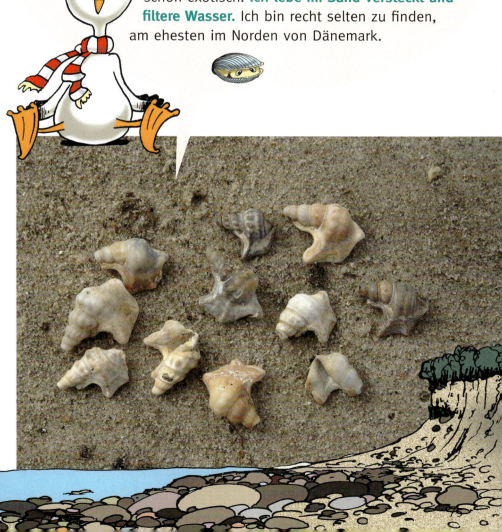

Tintenfische

Tintenfische

Ich bin ein Tintenfisch und heiße Sepia. Wenn ich Angst bekomme oder jemand mich ärgern will, stoße ich eine braune Tintenwolke aus. Dann könnt ihr mich nicht mehr sehen und ich kann schnell davonschwimmen und mich verstecken. **Aus meinem getrockneten Tintenbeutel haben die Leute früher tatsächlich Tinte hergestellt.**

An meinem Kopf trage ich zehn Arme – acht kurze und zwei längere, mit denen ich meine Beute festhalten kann. Ich schwimme meistens rückwärts und kann mich auch in den Sand eingraben. **Ich kann die Farbe meiner Haut ändern und mich meiner Umgebung perfekt anpassen. Dann bin ich fast unsichtbar. Ich kann 20 Jahre alt werden.**

Ich bin übrigens kein Fisch, sondern eher mit den Schnecken verwandt.

Tintenfisch-Schulp

Nach einem Sturm kannst du meinen Schulp am Spülsaum der Nordsee finden. Er besteht aus Kalk und ist ganz leicht.

Ich trage ihn wie ein Schwimmkissen auf dem Rücken, denn er gibt mir Auftrieb.

Die kleinsten, die du finden kannst, sind so lang wie eine Streichholzschachtel, die großen so lang wie ein Fuß. Manche Leute hängen den Schulp als „Sepiaschale" in den Käfig von Kanarienvögeln oder Wellensittichen, damit die Vögel ihren Schnabel daran wetzen können.

Krebse

Strandkrabbe

Mich kennt ihr bestimmt. Ich bin die Strandkrabbe. Die Ureinwohner Schleswig-Holsteins nennen mich „Dwarslöper", das heißt übersetzt „Querläufer", und das nur, **weil ich immer seitwärts laufe. Das geht mit meinen 10 Beinen ja auch gar nicht anders.** Mein erstes Beinpaar ist zu Scheren umgebildet, mit denen ich meine Beute festhalten kann.

Meinen Panzer muss ich regelmäßig häuten, denn er wächst nicht mit. Der neue ist für ein paar Tage ganz weich, dann nennt man mich „Butterkrebs". Die alten, abgeworfenen Panzer findet ihr regelmäßig am Strand. Als echte Krabbe bin ich übrigens ein Kurzschwanzkrebs. Mein Hinterleib ist auf die Bauchseite umgeschlagen. Wenn ihr mich umdreht, könnt ihr das sehen. Ist der Hinterleib breit (oben), dann bin ich ein Weibchen, ist er schmal (unten), dann bin ich ein Männchen.

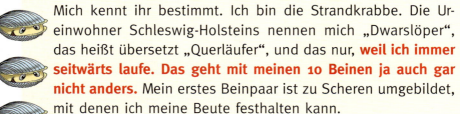

Krebse

Schwimmkrabbe

Ich bin eine Schwimmkrabbe. Ich bin meiner Schwester, der Strandkrabbe, sehr ähnlich. Aber wenn ihr genau hinseht, könnt ihr einen ganz wichtigen Unterschied erkennen. **Mein letztes Beinpaar ist zu kleinen Paddeln umgebildet. Damit kann ich gut schwimmen.**

Krebse

Krebse gehören zu den Gliederfüßern, und das kann man auch gut erkennen. Die Beine sind gegliedert, bestehen aus mehreren Abschnitten. Die beiden abgebildeten Krebse gehören zu den Zehnfußkrebsen. Sie haben also 5 Beinpaare, denn auch die Scheren sind nur umgebildete Beine. Die Mundwerkzeuge der Tiere sitzen direkt an der Mundöffnung. **Weil der Panzer nicht mitwächst, muss sich ein Krebs regelmäßig häuten.**

Der Flusskrebs (im Bild links) ist ein Langschwanzkrebs. Er lebt im Süßwasser. Seine Verwandten im Meer sind Hummer, Languste und Garnele. Bei den Kurzschwanzkrebsen ist der Hinterleib unter den Bauch des Tieres geklappt. Diese Krebse nennt man auch Krabben, so wie die Strandkrabbe (im Bild rechts).

> Übrigens: die Krabben auf dem Krabbenbrötchen sind deshalb in Wirklichkeit keine Krabben, sondern Langschwanzkrebse.

Krebse

Garnele

Hallo! Ich bin eine kleine Nordsee-Garnele. **Nachts gehe ich auf Beutesuche, tagsüber verstecke ich mich im Sand oder laufe dir über die Füße, wenn du im flachen Wasser stehst.** Ich kann die Farbe meines Panzers meiner Umgebung anpassen. Versuch doch einmal, mich mit dem Kescher zu fangen...

Krabben...!?

Was gibt es Schöneres bei einem Besuch an der Küste. Aber halt! Das, was da allgemein als Krabbe bezeichnet wird, ist in Wirklichkeit ein Langschwanzkrebs, eine Garnele. Krabben sind Kurzschwanzkrebse wie die Strandkrabbe (Seite 78). Ihr hinterer Körperabschnitt ist auf die Bauchseite umgeklappt. Die Garnelen haben einen muskulösen Hinterleib, mit dem sie schlagende Schwimmbewegungen ausführen. **Und dieses Muskelfleisch landet später mit Mayonnaise verfeinert auf einem Salatblatt im Brötchen oder als Beilage zur Kutterscholle auf dem Teller.**

Mmmh – lecker! Krabbenbrötchen.

Krebse

Flohkrebse

Wir heißen Flohkrebse, weil wir so gut hüpfen können. Wenn du einmal an einem steinreichen Strand der Ostsee unterwegs bist, kannst du uns vielleicht entdecken. **Wir leben unter unter den Steinen.** Dreh einmal einen Stein um – einen, der möglichst dicht am Wasser liegt. Wir flüchten mit großen Sprüngen schnell zum nächsten Versteck.

An unserem Strand kennen wir uns gut aus. **Wir finden immer den Weg zum Wasser, denn wir wissen, wo die Sonne über unserem Strand steht.** Aber wenn uns jemand an den gegenüberliegenden Strand trägt, dann würden wir uns verlaufen und die falsche Richtung einschlagen.

sssst! Seid einmal ganz leise! Könnt ihr das hören?

Schlickkrebs

Wenn es im Wattenmeer einmal ganz still ist und kein Wind weht, dann könnt ihr es hören. **Ein Knistern und Rauschen, ja fast ein Singen!** Das sind wir, die Schlickkrebse. Wir leben in einer kleinen Röhre im Sand. Wenn Ebbe ist, dann suchen wir die Wattoberfläche nach leckerem Futter ab. Wir harken mit unseren Antennen den Sand zu unseren Wohnröhren. Dabei entsteht um unseren Eingang herum ein blumenförmiges Muster. Und weil der Sand noch feucht ist, bildet sich zwischen unseren Antennen ein dünnes Wasserhäutchen. Wenn wir die Antennen zu weit öffnen, platzt es. **Und wenn dies Millionen von Schlickkrebsen tun, dann „knistert" das Watt.**

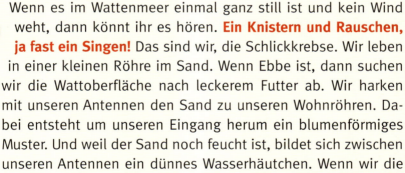

Krebse

Einsiedlerkrebs

Mietwohnungen sind für mich auf die Dauer halt doch nichts. Ich wachse, die alte Wohnung wird zu klein und ich muss mir wieder eine neue Behausung suchen.

Wenn ich größer werde, muss ich regelmäßig umziehen.

Auf meinem Schneckenhaus wachsen übrigens immer kleine, korallenähnliche Tiere, die man Stachelpolypen nennt. Sie geben mir Tarnung und schützen mich mit ihren Nesselkapseln und ich trage sie immer zum frischen Wasser und versorge sie mit Nahrungsresten. So hat jeder etwas davon und das nennt man Symbiose.

Taschenkrebs

Ich bin der König der Nordsee, der stärkste Krebs, der hier wohnt. Mein Panzer wird größer als deine Hand und meine Scheren sind gefährliche Waffen. Du kannst sie an den schwarzen Fingern erkennen. Als echter Panzerknacker kann ich mit meinen Scheren Muscheln aufbrechen und Seesterne, kleinere Krebse und sogar Fische fangen. **Ich habe immer Hunger und bin als Räuber sehr gefürchtet.** Manchmal werden an der Nordsee leere Panzer angespült. Wenn ich wachse, wächst mein Panzer nicht mit. Wenn er mir zu klein geworden ist, ziehe ich ihn wie ein altes Hemd einfach aus. Darunter hat sich dann schon ein neuer, größerer Panzer gebildet.

Taschenkrebse stehen in Helgoland auf dem Speisezettel vieler Restaurants. Ihre Scheren gelten als Delikatesse.

Krebse

Seepocke

Auch ich bin ein echter Krebs, selbst wenn ich nicht so aussehe. Ich bin eine Seepocke. **Ich lebe zusammen mit gaaanz vielen Kameraden auf Steinen, Holzpfählen, Muschelschalen, Krebspanzern, aber auch auf Schiffsrümpfen, was die Besitzer gar nicht gerne mögen.** Bei Ebbe kannst du mich sehen. Ich sitze dann auf meinem Felsen und mache mein gepanzertes Haus fest zu, damit ich nicht austrockne. Bei Flut, wenn das Wasser zurückgekehrt ist, strecke ich meine Füßchen heraus und fange mir Nahrungsbröckchen aus dem Wasser.

Stachelhäuter

Seeigel

Igel haben Stacheln, Seeigel auch. Ihr kennt vielleicht meine Verwandten aus dem Mittelmeer, die auf Felsen sitzen und dort Algen abknabbern. Sie haben gaaanz lange Stacheln. Ich grabe lieber im Sand der Nordsee, und da wären so lange Stacheln eher hinderlich. Also habe ich nur ein Kleid aus ganz kurzen Stacheln. **Mein Gehäuse ist sehr zerbrechlich, besonders wenn es trocken ist. Du musst ganz vorsichtig sein, wenn du mich anfasst.** Mein wissenschaftlicher Name bedeutet übersetzt „Stachelherz".

Stachelhäuter

Seestern

Ich bin ein Seestern. Manchmal werde ich nach Stürmen an den Strand geworfen. **Normalerweise lebe ich am Meeresgrund, wo ich gern Jagd auf Muscheln mache.** Zunächst umarme ich diese ganz fest. Und wenn die Muschel ihre Schalen einen Spalt breit öffnet, ziehe ich die Klappen auseinander. So stark bin ich. Manchmal kommt es zu Fehlbildungen, wenn ein abgebissener Arm wieder nachwächst. Ich habe dann plötzlich vier oder sechs Arme. Ist aber nicht so schlimm. Auf meiner Bauchseite habe ich ganz viele, winzig kleine Füßchen, auf denen ich laufen kann. Schaut mal genau hin.

Foto: Uwe Byszio

Schlangenstern

Wir sind enge Verwandte von unserem Freund, dem Seestern.
Unser Körper sieht aus wie eine flache Scheibe. Und weil wir so lange dünne Arme haben, nennen die Leute uns Schlangensterne. Wir sind nur selten im Wattenmeer zu finden.

**Ich habe immer fünf Arme.
Wenn ich im Kampf aber mal einen Arm verliere, dann wächst einfach ein neuer nach.**

Moostierchen

Blätter-Moostierchen

Moostierchen sind schon etwas Seltsames. **Wir sehen aus wie Pflanzen, sind aber Tiere, und zwar ganz schön viele.** Wir haben uns zusammen getan und bilden eine große Kolonie. Wenn du genau hinsiehst, wirst du ganz viele kleine Löcher entdecken. In jedem Loch sitzt einer von uns. **Wir sind kleine Polypen, die Wasser filtern und Nahrungsteilchen dabei herausfischen.** Ein paar von uns passen auf, dass niemand anderes sich hier ansiedelt und uns sogar noch überwuchert. Und weil sie das so gut machen und selbst keine Zeit mehr haben, Nahrung zu fangen, füttern wir sie mit durch. So macht man das in einer Kolonie.

Seerinde

Wir sind auch Moostierchen. Wir wachsen aber nicht blattförmig, sondern bilden Krusten, am liebsten auf Seetang. Du kannst uns in fast jedem Spülsaum finden. Wenn du eine Lupe hast, kannst du ganz toll die kleinen Wohnungen sehen, in denen früher einmal ein kleines Tierchen gewohnt hat.

Fische

Dorsch

Esst ihr gerne Fisch? Oder angelt ihr vielleicht sogar selber? Dann kennt ihr uns sicher. **Wir wurden früher von den Fischern in großer Menge gefangen. Heute gibt es nicht mehr so viele Dorsche in der Ostsee.** Du wirst uns normalerweise nicht am Strand finden. Aber Angler lassen manchmal ein paar Reste zurück. Dann findet ihr Skelette, Schädelknochen (im Bild rechts oben) oder Schuppen (im Bild rechts unten). Man nennt uns auch Kabeljau.

Fische

Nixentäschchen

Die neueste Mode, nach italienischem Vorbild entworfen. Oder vielleicht doch nicht? Diese merkwürdigen schwarzen Gebilde finden sich vor allem im Sommer am Nordseestrand. **Es sind Eikapseln von Rochen.** Im Frühjahr beginnt die Rochenmutter, rund 100 Eier zu legen, eines an jedem Tag. Nach 4 – 5 Monaten schlüpfen die Kleinen und die aufgerissenen Eikapseln werden an den Strand gespült.

Na, das ist doch was für die Damen. Ein Nixentäschchen.

Katzenhai

Sogar in der Ostsee leben Haie, beispielsweise der 3 Meter lange Heringshai. Sie sind für den Menschen eher ungefährlich und man wird bei uns wohl nie einen zu Gesicht bekommen. Aber manchmal findet man die Eikapseln des Kleingefleckten Katzenhaies am Strand. Das Tier wird nicht einmal einen Meter lang. Im Frühling legt das Weibchen kleine braune Eikapseln, die es mit den gerollten Haftfäden an Algen oder Steinen befestigt. „Eierschalen" vom Katzenhai sind sehr viel seltener als die vom Rochen.

Haie in der Nordsee? Natürlich!

Säugetiere

Seehund

Vielleicht hast du bei einem Urlaub an der Nordsee schon einmal eine Fahrt zu den Seehundbänken unternommen. Mit den großen Augen und dem verschmitzen Grinsen sehen diese Tiere sehr freundlich aus. **Trotzdem darf man nicht vergessen, dass es Raubtiere sind.** Ganz selten wird man Knochenreste von Seehunden am Strand entdecken können.

Kegelrobbe

Wer schon einmal auf Helgoland war und dort die Düne besucht hat, wird sie kennen – Kegelrobben. Die massigen Tiere sonnen sich am nördlichen Strand, wo man sie aus nächster Nähe beobachten kann.

Aber Vorsicht! Es sind Raubtiere mit spitzen Zähnen und man sollte 30 Meter Abstand halten.

Übrigens, die Männchen werden zweieinhalb Meter lang und bis zu 300 kg schwer.

Säugetiere

Schweinswal

Der Schweinswal ist die einzige Walart, die in der Ostsee heimisch ist. Aber ihr Bestand ist stark gefährdet. Man nimmt an, dass in der westlichen Ostsee noch 1000 Tiere leben, im mittleren bis östlichen Teil nur noch 100. **Durch Umweltverschmutzung und Lärm finden jedes Jahr viele Tiere den Tod.** Auch als (ungewollter) Beifang in der Fischerei sterben jedes Jahr mehr Tiere, als neue geboren werden. Schutzmaßnahmen sind dringend notwendig, damit es auch in ein paar Jahren noch lebende Schweinswale in der Ostsee gibt.

Kriechtiere

Seeschlange

Seeschlagen sind heute selten geworden. Im Mittelalter gab es noch sehr viele von Ihnen. **Viele alte Geschichten ranken sich um Angriffe von Schiffen durch riesige Exemplare und so mancher Seemann wusste in den Hafenkneipen schauerliche Geschichten zu erzählen.** Bis heute liegt die Lebensweise der Seeschlangen noch im Dunkeln. Sie sind sehr scheu und es gehört schon viel Glück dazu, einmal ein Exemplar im Spülsaum zu finden. Bei dem Exemplar im Bild oben kann man die Schuppenstruktur der Haut noch gut erkennen.

Spuren

Auf Spurensuche I

Möwen, Gänse und Enten haben Schwimmhäute zwischen den Zehen. Man kann ihre Fußspuren häufig im Watt entdecken. Gänse sind sehr schwere Vögel, sie sinken im weichen Wattboden tief ein. Enten watscheln, ihre Spur sieht wellenförmig aus, wenn man die Fußabdrücke miteinander verbindet. Möwen gehören zu den häufigsten Vögeln im Watt. Sie suchen hier nach kleinen Krebsen oder Muscheln. Die meisten Spuren, bei denen man die Abdrücke der Schwimmhäute sieht, dürften von ihnen stammen.

Auf Spurensuche II

Austernfischer, Rotschenkel, Pfuhlschnepfe und Brachvogel haben keine Schwimmhäute. Ihre Spuren kann man manchmal an der Größe voneinander unterscheiden.

Dort, wo sie auf der Sandbank gesessen haben, könnt ihr auf Spurensuche gehen. Dann wisst ihr sofort, wer welche Spur hinterlassen hat.

Beobachtet die Vögel im Watt. Welche kennt ihr?

Spuren

Wer war das?!

Ja, wo sind sie denn? Hier müssen sie doch irgendwo sein? **Auf der Suche nach Nahrung hat ein Vogel seine Pickspuren im Watt hinterlassen.**

Wenn das Watt trockenfällt, beginnt die Suche nach Nahrung. Sandregenpfeifer, Rotschenkel, Austernfischer und Pfuhlschnepfe stochern feuchten Boden nach Krebsen, Würmern, Muscheln oder Schnecken.

Verschiedenes

Speiballen

Viele Wasservögel fressen für ihr Leben gern Krebse, aber auch Muscheln, Schnecken und andere Kleinlebewesen. **Die harten Schalen lassen sich nicht verdauen und sammeln sich im Magen an.** Deshalb würgen Möwen und andere Vögel die Reste hoch und speien sie aus. Eulen machen es ja genauso. Bei ihnen spricht man von Gewöllen, hier heißen sie Speiballen. Untersucht man diese Nahrungsreste, weiß man, was Möwe & Co. am liebsten fressen.

Frische Luft

Auf dem Wattboden leben Milliarden von winzigen Algen, man nennt sie Kieselalgen. Sie sind so klein, dass man sie nur mit dem Mikroskop sehen kann. Eine olivgrüne Farbe am Boden verrät uns aber, dass sie da sind. Und wie alle Pflanzen bilden sie Sauerstoff. Dabei entstehen kleine Luftbläschen, die im flachen Wasser nicht zu übersehen sind. Gut so, dann können wir ja aufatmen.

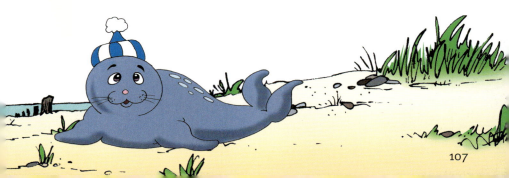

Index

A

Algen 30
Amerikanische Bohr-
  muschel 61
Atemröhre 53
Ausrüstung 20
Auster 39, 68
Austernfischer 13,
  103, 104

B

Bäumchenröhren-
  wurm 49
Blasentang 15, 32
Blätter-Moostierchen 92
Blaue Nesselqualle 43
Blumenkohlqualle 44
Bohrmuschel 60, 61, 62
Bohrringelwurm 51
Bohrschwamm 39
Brachvogel 13, 103
Brotkrumenschwamm 38
Byssusfäden 57

D

Dorsch 94
Dreiecksmuschel 65
Dwarslöper 78

E

Ebbe 16
Eikapseln 96, 97
Einsiedlerkrebs 86
Eiszeit 11, 14
Engelsflügel 61
Enten 102

F

Feuerqualle 22, 42
Fische 94
Flohkrebs 84
Flohkrebse 84
Flut 16

G

Gänse 102
Garnele 82
Gestutzte Sandklaff-
  muschel 55
Gezeiten 16

H

Herzmu-
  schel 13, 15, 58, 72
Hochwasser 16, 22

K

Kammmuschel 69
Katzenhai 97
Keschern 26
Kegelrobbe 99
Kleingefleckter Katzen-
  hai 97
Krabben 83
Krabbenbrötchen 83
Krebse 81

L

Laichballen 73
Ligament 52, 61

M

Mantel 53

Mantelbucht 53, 56
Mantellinie 53, 56
Meersalat 36
Miesmuschel 15, 57
Mischwatt 13
Moostierchen 92
Möwen 101, 102
Müll 29
Muscheln 52

N

Naturschutzgebiete 28
Nesselqualle 43
Netzreusenschnecke 71
Niedrigwasser 16
Nixentäschchen 96
Nordsee 10
Nordsee-Garnele 26, 82

O

Ohrenqualle 40
Ostsee 14

P

Pelikanfuß 75
Perle 68
Pfuhlschnepfe 13,
  103, 104
Pisser 54
Pissermuschel 54
Plattmuschel 64
Posthörnchenwurm 50
Priel 22

Q

Quallen 41

108

R

Rippenqualle 45
Rochen 96
Rotalge 35
Rote Bohne 64
Rotschenkel 103, 104

S

Sägetang 15, 33
Sägezahn 65
Sammlung 24
Sandklaffmuschel 13, 15, 54, 55
Sandklaffmuscheln 13
Sandregenpfeifer 104
Sandwatt 13
Schaum 30
Scheidenmuschel 63
Schiffsbohrwurm 62
Schlangenstern 91
Schlickkrebs 85
Schlickwatt 13
Schließmuskel 52, 56
Schloss 52
Schlossband 61
Schloßband 52
Schlosszähne 52
Schulp 77
Schweinswal 100
Schwertmuschel 63
Schwimmhäute 102
Schwimmkrabbe 80
Seegras 37
Seehund 98
Seeigel 89
Seepocke 88
Seerinde 93
Seeringelwurm 48
Seeschlange 101
Seeseifenkugeln 73
Seestachelbeere 45
Seestern 90
Seetang 93
Sepia 76
Sepiaschale 77
Sipho 53
Speiballen 106
Springflut 17
Spülsaum 18
Spuren 102, 103, 104
Stachelherz 89
Stachelpolyp 86
Steilküste 14
Steine 14
Strahlenkörbchen 66
Strandkrabbe 26, 78
Strandschnecke 70

T

Taschenkrebs 87
Tidenhub 17
Tintenfische 76
Tintenfisch-Schulp 77
Trogmuschel 67

V

Vögel 101, 102, 104
Vogelschutzgebiete 28

W

Wal 99
Watt 13
Wattschnecke 74
Wattwurm 13, 46, 47
Wattwurm-Suchgerät 47
Weiße Bohrmuschel 60
Wellhornschnecke 72, 73
Wirbel 53

Z

Zuckertang 34

Hier seht ihr, auf welchen Seiten Fachbegriffe und Strandfunde erklärt werden.

Literaturtipps für Eltern und Kinder

Angel, H. & Wolseley, P. (1983): Das Kosmos-Familienbuch Lebensraum Wasser. Die Welt der Tümpel, Flüsse, Küsten. Sehen – Sammeln – Selbermachen. – 191 S., zahlr., teils farb. Abb.; Stuttgart (Franckh'sche Verlagshandlung).

Arthur, A. (1999): Sehen, Staunen, Wissen: Muscheln & Schnecken. Die Welt der Weichtiere, Seeigel und Krebse. Entwicklung, Aussehen, Lebensweise. 3. Auflage. – 64 S., zahlr. farb., Abb.; Hildesheim (Gerstenberg).

Campbell, A.C. (1977): Der Kosmos-Strandführer. Pflanzen und Tiere der europäischen Küsten in Farbe. – 318 S., 848 farb. Abb., 109 Zeichn.; Stuttgart (Kosmos-Franckh).

Clausen, M, Tebbenhoff, K. & Cordes, M. (2009): Möwe, Strand und Flaschenpost. Das Buch vom Meer. – 48 S., zahlr. farb. Abb.; Düsseldorf (Sauerländer).

DeHaas, W. & Knorr, F. (1990): Was lebt im Meer an Europas Küsten? – 390 S., 819 Abb.; Rüschlikon-Zürich, Stuttgart, Wien (Albert Müller Verlag).

Dreyer, E.-M. & Wartenau, A. (2004): Tiere an Strand und Küste. – 63 S., zahlr. Abb.; Stuttgart (Franckh-Kosmos Verlags-GmbH).

Hayward, P., Nelson-Smith, T. & Shields, C. (2006): Der neue Kosmos-Strandführer. 1500 Arten der Küsten Europas. – 350 S., zahlr. farb. Abb.; Stuttgart (Franckh-Kosmos Verlags-GmbH).

Janke, K. & Kremer, B.P. (2010): Düne, Strand und Wattenmeer. Tiere und Pflanzen unserer Küsten. – 6. veränderte Auflage. – 320 S., 679 Abb.; Stuttgart (Franckh'sche Verlagshandlung).

Janke, K. & Kremer, B.P. (2002): Strand und Küste. 2. Auflage. – 96 S., zahlr. Farbfotos; Stuttgart (Franckh'sche Verlagshandlung).

Janke, K. & Kremer, B.P. (2003): Das Watt. Alle wichtigen Tiere und Pflanzen in ihren Lebensräumen. 2. Auflage. – 127 S., 141 Fotos, 14 Abb.; Stuttgart (Franckh'sche Verlagshandlung).

Kock, K. (1988): Das Watt. Lebensraum auf den zweiten Blick. 5. Auflage. – 141 S., 107 Abb.; Heide (Boyens).

Køie, M., Kristiansen, A. & Weitemeyer, S. (2001): Der große Kosmos-Strandführer. Tiere und Pflanzen in Nord- und Ostsee. – 350 S., 900 Abb.; Stuttgart (Franckh-Kosmos Verlags-GmbH).

Kremer, B.P., Gosselck, F. & Janke, K. (2005): Der große Kosmos-Naturführer. Strand und Küste. Nord- und Ostsee. – 154 S., 217 farbige Fotos, 11 Dioramen, 10 Abb., 10 Kt.; Stuttgart (Franckh-Kosmos Verlags-GmbH).

Kroth, M. (2004): Von Von Leuchtfischen und Meerjungfrauen. Kleine Landratten erfahren spielerisch Spannendes und Wissenswertes über den Lebensraum Meer. – 123 S., zahlr. Abb.; Münster (Oekotopia).

Müller, S. & Tonn, D. (2008): Strand. Watt, Sand und Muscheln. – 32 S., azhlr. farb. Abb.; Regensburg (Kinderleicht Wissen).

Oftring, B. & Müller, T. (2008): Auf Entdeckungstour an Strand und Küste. – 96 S., zahlr. farb. Abb.; Kempen (moses.).

Parker, S. (2005): Sehen, Staunen, Wissen: Strand und Meeresküste. Die ökologische Vielfalt eines einzigartigen Lebensraums.. – 64 S., zahlr. farb., Abb.; Hildesheim (Gerstenberg).

Quedens, G. (2003): Strand und Wattenmeer. Tiere und Pflanzen an Nord- und Ostsee – ein Biotopführer. – 127 S., 130 Fotos, 95 Abb.; München (BLV).

Quedens, G. (2005): Natur erleben an Nordsee und Ostsee. – 127 S., zahlr. Abb.; München (BLV).

Reinicke, R. (2008): Funde am Ostseestrand. 80 S., zahlr. farb. Abb.; Schwerin (Demmler).

Rudolph, F. (2010): Strandfunde. Sammeln und Bestimmen von Pflanzen und Tieren im Spülsaum an der Nord- und Ostseeküste. 4. Auflage. – 168 S., zahlr. farb. Abb.; Neumünster (Wachholtz).

Rudolph, F. (2009): Strandsteine für Kids. Sammeln und Bestimmen von Steinen an der Nord- und Ostseeküste. – 96 S., zahlr. farb. Abb.; Neumünster (Wachholtz).

Schories, D. & Wilhelmsen, U. (2006): Die Ostsee. Tiere und Pflanzen. – 126 S., 216 Abb.; Stuttgart (Franckh'sche Verlagshandlung).

Stock, M. & Wilhelmsen, U. (2009): Weltnaturerbe Wattenmeer. – 176 S., 178 Farbabb.; Neumünster (Wachholtz).

Streble, H. (2003): Was finde ich am Strande. Pflanzen und Tiere der Strände, Deiche, Küstengewässer. – 127 S., 204 Fotos, 33 Abb.; Stuttgart (Franckh'sche Verlagshandlung).

Wilhelmsen, U. (2006): Das Strandbuch. Handbuch für Küstenentdecker. – 112 S., zahlr. Abb.; Heide (Boyens).

Wilhelmsen, U. (2007): Augen auf! Wir entdecken Strand + Meer. Handbuch für kleine und große Stranddedektive. – 132 S., zahlr. Abb.; Heide (Boyens).

Dankeschön...

- Fides Bellmann, Amelie Gorzolka, Henry Gorzolka, Michael Griese, Henrike Heinrich, Marie Heinrich, Jana Rudolph und Miriam Rudolph für die tollen Tage am Strand.
- Lutz Mathesdorf für die ausdrucksstarken und liebenswerten Zeichnungen.
- Uwe Byszio, Quickborn, für die Fotos von Schlangenstern und Seeringelwurm.
- Elisabeth und Stefan Künzel, Erlangen, für das Foto des Taschenkrebses.
- Sonja Everskemper (www.geogoesschool.de), Krummesse, für die Fotos vom Keschern.
- Andrea Rudolph und Jana Rudolph für das Korrekturlesen.
- Michel Kreuz für das ansprechende Layout
- Dem gesamten Team des Wachholtz Verlages für die stets hervorragende Zusammenarbeit